Original title:
Fluss des Vergessens

Copyright © 2024 Swan Charm Publishing
All rights reserved.

Editor: Jessica Elisabeth Luik
Author: Mariana Virelai
ISBN HARDBACK: 978-9916-39-986-6
ISBN PAPERBACK: 978-9916-39-987-3

Verlaufene Spuren

Ein Weg, den wir einst gingen
verblasst in grauem Staub.
Vergang'ne Tage singen
in Trauer ohne Raub.

Wir suchten ohne Blick
die Zeit, die uns verließ.
Doch jedem Schritt ein Stück
verblassender Genieß.

Die Füße schwer getragen,
in fremden Ländern fern.
Verlorenheit in Plagen
in Herzen ohne Stern.

Doch Geister, die uns drohen
im Nebel nicht mehr klar,
sind Spuren, die verhohen
im Wild der alten Jahr.

Hoffnungswogen

Ein Licht im Sturmgebrüll,
kein Ende ist in Sicht.
Doch fühlt man Hoffnung still
im Herzen, das verspricht.

Ein Traum von neuen Tagen,
die Freiheit kehrt zurück.
Und Wogen, die nicht jagen,
sind Wellen voller Glück.

In Dunkelheit geborgen,
erwacht ein neuer Mut.
Vergangenheit als Sorgen,
die Gegenwart so gut.

Die Stürme, die uns trieben,
beugen sich dem Lauf.
Im Glauben fest geschrieben,
steht Hoffnung hell darauf.

Schattenfluss

Ein Fluss aus dunklen Tagen
erstreckt sich weit hinaus.
Gedanken gehn und klagen
durch schattiges Gebraus.

Der Fluss in Tiefen fernen,
wo keiner Frieden fand.
Doch Sterne, die dort lernten,
leuchten an jedem Strand.

Kein Ufer, das erreicht
im dunklen, wilden Zug.
Doch Hoffnung, die vielleicht
erstrahlt in Morgenflug.

Fließt weiter in die Ferne,
in endlos weitem Reiz.
Doch Schatten, die so gerne
vergehen, werden heiß.

Leere Ufer

Am Ufer steht Verlangen,
kein Fluss dazu, so leer.
Die Trauer bleibt gefangen,
das Echo klingt so schwer.

Ein Ufer ohne Wellen,
frei von der Zeit geprägt.
Wo Geschichten nicht erzählen,
was einst das Herz bewegt.

Verlassen steht das Leben
an Leere, die nicht ruht.
Ein Sehnen, das gegeben,
von Schatten, die kein Gut.

Doch wo die Hügel grüßen
des Morgens zartes Licht,
dort kehrt der Mut zu Füßen
in Hoffnung, die verspricht.

Verborgene Tiefen

In den Schatten welch verborgen
Gefühle tief im Herzen liegen,
Flüstern leise - gut geborgen,
Heimlich durch die Seele siegen.

Ein Ozean von dunklen Weiten,
Geheimnisse der Welt umarmen,
Unentdeckt das Herz begleiten,
Sehnsucht glüht in stillen Armen.

Meeres Stille in den Tiefen,
Mondlicht auf den Wellen spielt,
Wogen sanft die Seele wiegen,
Nächte, die der Traum erfüllt.

Gedanken tanzen wild und frei,
Zwischen Sternenlicht und Zeit,
Wogen singen leis dabei,
Ein Lied der sanften Ewigkeit.

Sanfte Wellen

Sanft die Wellen uns umgeben,
Küssen leise an den Strand,
Sanfte Träume, die wir weben,
Hand in Hand durch weites Land.

Im Abendrot das Herz erwacht,
In Melodien wiegend fort,
Ein Sommertraum in stiller Nacht,
Liebe findet stets den Ort.

Wogen wiegen leicht und leis,
Ein Windhauch kämmt das Meer,
Sanfte Tage, Gefühl so heiß,
Herzen öffnen sich so sehr.

Durch die Wellen singt ein Lied,
Von der Ferne, bis es zieht,
Kommen Sterne - alte Pracht,
Hell erstrahlt in dunkler Nacht.

Verlorene Träume

Durch die Nacht von Träumen getragen,
Verloren sich im Mondeslicht,
Sehnsüchte, die Fragen wagen,
Des Herzens Stimme - leises Gedicht.

Ein Wind, der flüstert von der Weite,
Träume fliegen - fern und frei,
Suchen nach Verlorenheit,
Eine Welt in der Träume blüh'n.

Sterne zeichnen Wege dort,
Wo Träume heimlich wehen,
Zwischen Zeit und Raum ein Ort,
Wo Herzen sich bekennen sehen.

In den Nächten leis' verloren,
Flüstern Träume dir ins Ohr,
Was das Herz einst auserkoren,
Schwebt nun sanft durch Seelen-Tor.

Vergangenheitsfluss

Ein Fluss der Zeit, zieht leis dahin,
Im Spiegel seiner Wellen,
Zwischen gestern, heut und hin,
Geschichten sich erzählen.

Erinnerungen - sanft verweht,
Im Tanz der flücht'gen Tage,
Vergänglich wie ein Blatt vergeht,
Gedankenflut - Gefühleplage.

Der Strom des Lebens - ewig klar,
Vergangenheit ein Seelentanz,
Flüstert leis, wie es einst war,
Erzählt von Freude, Herz und Glanz.

Fluss der Alten - voller Pracht,
führt die Zeit in ferne Lande,
Träume, die zur Ruh gebracht,
Besiegeln uns're Sternenbande.

Echos im Nebel

Inmitten grauer Schleier
flüstert die Zeit leise
vergangene Tage eilen
wie ein sanfter Windhauch.

Zarte Stimmen hallen
im Nebelreich wider
Spuren, die verblasst
im Herzen verborgen.

Gedanken tanzen wild
in Nebelschleiern schwer
vergangene Glanzstunden
zerfließen ungreifbar.

Ein Hauch von Erinnerung
weht durch die Geister
wie ein Echo des Lebens
im Nebel gefangen.

Geräusche der Stille

Wenn alle Stimmen schweigen,
spricht die Welt leise.
Ein heimliches Flüstern,
in den Schatten der Einsamkeit.

Die Stille webt Geschichten,
durchlüftet die Seele sanft.
Verborgene Melodien,
in Nächten ohne Sternenglanz.

Kleine Laute klingen zart,
im stillen Herzensraum.
Ein stilles Murmeln,
von Träumen längst entweilt.

Die Stille entfaltet
unendliche Weiten
wie ein sanftes Rauschen
aus der Tiefe des Seins.

Tanz der Wellen

Am Ufer wiegen sich Träume,
im Takt der Gezeiten.
Das Licht küsst den Ozean,
wo Wellen leise singen.

Im Rhythmen der Natur,
tanzt die ewige Flut.
Verborgene Kräfte treiben
im Spiel der Elemente.

Jede Welle erzählt
von fernen Welten
flüstert alte Geheimnisse
an den Küstensand.

Im Spiel der Wellen
verschwindet die Zeit,
Träume erblühen
im unendlichen Blau.

Verborgene Spuren

Auf Pfaden des Vergangenen
beginnt die Reise im Wind.
Verlorene Wege flüstern,
von Zeiten, die entschwunden.

Die Erde bewahrt geheimnisvoll
die Schritte der Geschichte.
Jedes Blatt und Stein erzählt,
von Leben, die hier waren.

Stille Zeugen der Jahre
verwoben im dichten Grün.
Ein zarter Hauch Vergangenheit,
im Wind verweht und sacht.

Verborgene Spuren leiten,
die Suche nach dem Hier.
In jedem Schritt und Atem,
beginnt die alte Reise neu.

Schwarze Fluten

In Nächten, tief und dunkel
Fließt das Wasser still und leise
Ohne Ziel und ohne Funken
Treibt es fort auf seiner Reise

Kein Mondlicht schenkt ihm Glanz
Kein Stern wird je erscheinen
In seiner unergründlichen Tanz
Wo Seelen heimlich weinen

Die Ufer schweigen stumm
Ertränkt in schwerer Trauer
Wo jedes Lachen nun verstumm
Und Hoffnung ist ein Schauer

Verhüllte Schatten spiegeln sich
In Fluten schwarz und tief
Ein ewig' Rätsel, endlos schlicht
Im Dunkel, das es rief

Doch unter all dem schweren Dunst
Verborgene Träume blühen
Die nur in ihrer stillen Kunst
Das Dunkel wirklich sühnen

Trauriger Strom

Ein Fluss der Tränen flußt dahin
Wo Kummer stille weilt
In seinem Herz, so tief und drin
Der Schmerz sich nie geteilt

Ein Spiegelbild der Traurigkeit
Der Hoffnungslos verweht
Ein sanfter, stiller Hauch der Zeit
Der gnadenlos vergeht

Wo Ufer trauern still und leer
Die Wellen seufzend klagen
Erkennt man klar die tiefe Scher
Des Herzens dunkle Fragen

Kein Lichtstrahl bricht die Wolken auf
Ein World aus Grau und Blau
Durch dies des Lebens schwarzer Lauf
Verliert sich Himmelsblau

Und doch, auf der verlornen Flut
Ein stilles, leises Hoffen
Im Sturm verborgenes Gut
Ein neuer Tag, versprochen

Kristallene Erinnerung

In klarer Nacht ein Funkeln bricht
Durchs Schweigen einsam leise
Ein Hauch von Licht im Dunkelicht
Vergangner Zeiten Reise

Kristalle glänzen still und fein
Im Windes zarten Klingen
Sie bringen Bilder, klar und rein
Von längst verflognen Dingen

In ihnen schläft die alte Welt
Verzaubert in sich selbst
Ein Hort der Weisheit, unentstellt
Den man im Herzen hält

Momente, festgehalten klar
Im Glanz kristallner Nacht
Verblassen nie, sind immerdar
Sind nie ganz fortgemacht

So webt Erinnerung aus Glas
Ein Netz aus Licht und Schimmer
In unseres Geistes stillen Maß
Verbliebne Zeiten immer

Vergängliche Strömung

Aus stillem Quell ins weite Meer
Ein Fluss des Lebens fließt
Und jede Welle trägt so schwer
Vergangnes mit sich, süß

Kein Strom kehrt um, kein Ufer ruft
Im Fluss der Zeit verliert
Die Ewigkeit der Sand bedrängt
Das Alte wird verziert

Wo Eismassen im Sommer schmelzen
Und Quellen einmal trocken
Da hält kein Stein, kein Baum, kein Mensch
Die Zeit, die stets wird locken

Vergänglichkeit in jeder Strömung
Ist Gals des Lebens Sinn
Kein Halt, kein Stehen, nur Bewegung
Bringt Stille zu dem Ding

So fließt das Leben durch die Stunden
Und nichts bleibt starr und fest
Nur die Erinnerung bleibt gesund
Die Zeit hat's Still erfasst

Leises Rauschen

In der Dämmerung, sanftes Spiel,
Flüstert leise, still und kühl,
Vom Fluss der Zeit ein zartes Lied,
Ein Geheimnis, das nie verzieht.

Blätter tanzen, wiegen leicht,
In dem Fluss, der ewig reicht,
Träume fliegen, sanft verweht,
Wo das Herz den Weg ergeht.

Ferner Liebes Hauch und Weh,
Schmerzen, die verweilen eh,
Leises Rauschen, wie ein Traum,
Flüsternd durch den Lebensraum.

Gleiten sanft, die Jahre fort,
In verborgnem, stillem Ort,
Wellen tragen Zeit davon,
Wo der sanfte Wind begonnen.

Lied des Lebens, still und sacht,
Durch die dunkle, kalte Nacht,
Bleibt das leise Rauschen hier,
Bis zum Licht vom neuen Wir.

Strom der Vergänglichkeit

Zeit, die fließt in Harmonie,
Wie ein Strom, unendlich sie,
Trägt uns fort auf sanften Wellen,
Kann in keinem Ort bestellen.

Erinnerungen treiben sanft,
In des Lebens ödem Land,
Kein Verweilen, nur ein Fließen,
Niemals halten, nur genießen.

Jahre gleiten, still vorbeiziehn,
Wie ein Schatten, ohne Ziel,
Doch im Herzen brennt das Licht,
Das die Dunkelheit durchbricht.

Durch die Nebel, durch die Zeit,
Fließt der Strom der Vergänglichkeit,
Ewig tanzt der Wellen Spiel,
Ohne Rast, ein sanfter Stil.

Doch im Wandel bleibt bestehen,
Was die Herzen tief verstehen,
Liebe, Hoffnung, Traurigkeit,
Flüstern durch die Ewigkeit.

Verlorene Zeichen

Worte, die im Winde wehen,
Zeichen, die im Nichts vergehen,
Durch das Jahr und durch die Zeit,
Verlieren sich in Einsamkeit.

Runen, die der Fels beschrieb,
Zeugen alter Liebe, die
Unter Staub und Erde ruhen,
Flüsternd durch die Zeilen fuhren.

Geheimnisse, in Stein gegossen,
Von der Zeit sind unverdrossen,
Stolz und müde, leise flieh'n,
Unverstehbar, ungetrübt.

Wo im Staub die Zeichen liegen,
Können keine Worte wiegen,
Was verloren ging mit Macht,
In der finstern, langen Nacht.

Dennoch leuchtet durch das Dunkel,
Manches Verlorene wie Funkel,
Zeichen, die im Herzen bleiben,
Durch die Ewigkeit uns treiben.

Einstige Ufer

Wo die Wellen sanft umspielen,
Küsten, die den Nebeln fehlen,
Wo die Zeit den Blick versteckt,
Die Erinnerung in uns steckt.

Einstige Ufer, still und leer,
Vom vergangnen Hoffen schwer,
Suchen in des Meeres Weite,
Wo das Herz den Frieden leite.

Dort am Strande, Hand in Hand,
Bauten wir auf unserm Sand,
Schlösser, die für Ewigkeiten,
Sich in unser Herz verzeichnen.

Nun verwehn die Tage sacht,
Traum und Wirklichkeit erwacht,
In den Wellen, in den Lüften,
Wo des Lebens Wogen schiffen.

Einstige Ufer, still uns fremd,
Doch im Herzen uns bekannt,
Tragen Hoffnungen und Träume,
Durch des Lebens sanfte Räume.

Lied des Vergehens

Wenn Blätter fallen, tanzt die Zeit
In stiller Wehmut, ungestüm
Die Farben gehen, sacht und weit
Der Herbst umarmt das alte Glühn

Momente flüstern sanften Reim
Vergangenes wird neu enthüllt
Wie Schatten im verglüh'nden Schein
Verblasst der Traum, der Welt erfüllt

Erinnerung, ein sanftes Blatt
Getragen von des Windes Klaun
Was war, wird nie, was ist, vergeht
Im Lied des Seins, des Lebens Lau'n

Ein Seufzer weht durch sanftes Grau
Die Zeit entführt, was nie blieb stehn
So wandelt sich im Weltenbau
Das Lied des Vergehens, sanft und schön

Verblasste Harmonien

Ein Klang verhallt in sanfter Ruh
Was einst so leise Harmonie
Fällt leise fort, verliert die Spur
Verblasst im Liederrausch der Flieh

Die Töne tragen weit hinaus
Ein Hauch von dem, was einst erklang
Verklingt, wie Nebel süßer Schmaus
Der Zauber schweigt, was hellens sang

Im Rückblick tanzt die Melodie
Ein leises Echo, sanft und kühl
Verborg'ne Sehnsucht, Herbstes Glüh'n
Die Zeit entfärbt, was einst einst blüh'

Doch still verharrt ein Hauch von Klang
Ein Echo in des Lebens Spur
Verblasste Harmonien erglüh'n
In Träume ein, in sanftem Flur

Stille Wasser

Stille Wasser tragen Seelen
Märchen fern aus alter Zeit
Gleiten sanft, wie Traumgebilde
Führen fort in Seligkeit

Wellen flüstern leise Worte
Von Vergangenem, von Hier
Spiegeln Welten, Märchenorte
Tauchen ein ins Seelentier

Ein leises Raunen, stille Klage
Bett'gen in des Wassers Schoß
Nächte birgen milde Frage
Wogen still und sanft, so groß

In der Tiefe ruht ein Wissen
Fließen Träume, sanft und klar
Stille Wasser, ungewisssen
Zeigen Kindheit, die einst war

Die Ruhe des Vergangenen

In der Stille ruht das Sehnen
Alte Zeiten, still und rein
Wie ein Hauch verweht das Träumen
Das Vergangene in unser'm Sein

Ruhe liegt in alten Wegen
Die Erinnerung, sanft und sacht
Schritte hallen trotz der Stille
Wie ein Bild aus fernster Nacht

Verklung'ne Tage, leise hallen
Ihre Stimmen durch die Zeit
Was vergangen blüht in allem
Neue Ruhe, die uns leiht

Ein Gedanke weht im Winde
Trägt die Jahre sanft davon
Die Ruhe des Vergangenen
Wird zur Seele, deren Ton

Verwehende Gedanken

Im Wind der Zeit verweht mein Traum,
Was einst fest war, verliert nun Saum.
Gedanken treiben, haltlos frei,
Verwehen still in blasse Mai.

Vergangenheit in Nebel hüllt,
Die Farbe aus dem Leben quillt.
Erinnerungen, wie Sand im Meer,
Verfliegen leise, schwer und leer.

Die Zukunft winkt mit leisen Grüßen,
Ich kann sie kaum im Dunst erschließen.
Verwehende Gedanken ziehn,
Verweilen in verzagtem Grün.

Die Zeit legt ihren Schleier um,
Vergangenes bleibt kalt und stumm.
Doch Hoffnung wächst im neuen Licht,
Ein guter Traum entflieht dem Nichts.

Mein Herz nun fremd in fremdem Raum,
Glänzt trübe wie ein schlafend Baum.
Doch Frühling naht mit seiner Pracht,
Verjagt das Dunkel der sanften Nacht.

Abschied vom Ufer

Ein letztes Mal, das Ufer seh'n,
Mit schwerem Herz von dannen geh'n.
Der Horizont in Rot getaucht,
Ein Abschied, der die Seele raucht.

Das Wasser murmelt leise Lieder,
Der Wind umfängt uns immer wieder.
Ein letzter Blick zurück, so fern,
Adieu, geliebtes Land, mein Stern.

Die Wellen tragen mich hinaus,
Ich folge dem unendlichen Strauß.
Des Meeres Flüstern, ungeschminkt,
Ein unbekanntes Schicksal winkt.

Die Segel hoch, der Kurs gesetzt,
Im Herzen Schmerz, doch gut versteckt.
Der Abschied schwer, doch Hoffnung keimt,
Ein neuer Anfang, der uns scheint.

In ferner See, das Ziel verbirgt,
Ein Traum, der neuen Boden pflügt.
Auf Wiederseh'n, mein altes Land,
Der Zukunft hold in fremdem Band.

Im Strom der Ewigkeit

Im Strom der Ewigkeit vergeh'n die Stunden,
Die Zeit verschlingt uns, eng umwunden.
Ein Meer aus Licht, ein Fluss aus Sternen,
Verblasst in ferne, weite Berghand.

Die Sterne weiden durch die Nacht,
Ein Funkeln, das uns sehend macht.
Die Ewigkeit, sie zieht uns ein,
Ein Band der Zeit, so still und fein.

Erinn'rung trägt der Stundenglast,
Die Gegenwart entflieht so fast.
Vergangenes in Licht getaucht,
Erhellt im Herzen leuchtend wacht.

Die Spuren, die wir hinterlassen,
Im Strom der Zeit sie langsam fassen.
Ein Echolot der Ewigkeit,
Erklingt im stillen Seelengleit.

In Ewigkeit verwebt die Zeit,
Die Gegenwart vergangen bleibt.
Doch scheint ein Strahl der Ewigkeit,
In uns, durch Raum und Dunkelheit.

Tiefenrausch der Erinnerungen

Im Rausch der tiefen Zeit versunken,
Gedanken fließen, Herz ertrunken.
Erinnerungen wie ein Meer,
Tosen wild und endlos schwer.

Die Bilder, die uns Wellen schmieden,
Erzählen laut von alten Liedern.
Ein Funke Hoffnung tief versteckt,
Im Strom der Sehnsucht aufgeweckt.

Verloren in Gedankenstrudel,
Ein Seelenritt durch Schattenpudel.
Erinnerungen, stark und klar,
Treiben hoch, unendlich wahr.

Die Tiefe ruft mit leisen Tönen,
Die Seelenmelodie der Schönen.
Im Rausch der Zeit wir treiben fort,
Erinnerung, der Sehnsucht Hort.

So tauch' ich tief in'n Traum zurück,
Dort find' ich Trost im kleinen Glück.
Der Lebensfahrte still Verklingen,
Ein Lied des Herzens leis' erklingen.

Vergilbte Ufer

Sanftes Flüstern, alter Weidenklang
Fernweh im Herzen, leise Gesang
Blätter tanzen, stets im Wind
Vergilbte Ufer, dort beginnt

Erinnerung, vergangenes Licht
In der Dämmerung, zeigt dein Gesicht
Sonnenstrahlen auf Erdenstaub
Vergilbte Ufer lösen auf

Ein Schatten, der sich leise neigt
Vergangene Tage, die Zeit verzeiht
In Wellen, alter Sehnsuchtsflug
Vergilbte Ufer finden Ruh

Raue Spuren, auf Kieselgrund
Müde Schritte, sanfter Fund
In Träumen, die sich still verlier'n
Vergilbte Ufer nicht erfrier'n

Zarte Hoffnung, wie ein Stern so klein
In deinem Herzen, wird es sein
Fluss des Lebens, ungestüm
Vergilbte Ufer, leiser Glanz erscheint

Seelenruhige Wasser

Im Spiegel des Himmels, glänzt ein Licht
Seelenruhige Wasser, kein Gedicht
Wogen der Ruhe, tiefer Frieden
Alles Leben, dort beschieden

Ein Hauch von Stille, ungetrübt
Im Wasser, das den Geist umgibt
Sanfte Farben, wie im Traum
Seelenruhige Wasser, ohne Saum

Die Zeit verliert, ihr stetes Wogen
Leise klopfend, Herz gezogen
Unendlich Frieden, greifbar nah
Seelenruhige Wasser, ewig klar

Ein Flüstern dort, wo Ruhe wohnt
Der Horizont, erstrahlt und thront
Alle Tränen, weggespült
Seelenruhige Wasser, sanft gefühlt

Die Seele findet ihren Platz
In diesem stillen, reinen Glanz
Ohne Zweifel, ohne Hast
Seelenruhige Wasser, ewig Rast

Vergangenheitsläufe

In den Schatten, vergang'ner Zeit
Fernes Echo, das uns begleitet
Alte Wege, die wir gehen
Vergangenheitsläufe, stilles Flehen

Gebrochene Stimmen, kaum gehört
Erinnerungen, oft verstört
Doch im Herzen, bleibt der Klang
Vergangenheitsläufe, lebenslang

Ein Licht bricht durch, den Nebel fein
Schritte auf verlorenem Stein
Vergess'ne Pfade, wiegen schwer
Vergangenheitsläufe, leere Lehr

Zeichen hier und dort verweht
Erfüllt von dem, was einst geschah
In der Stille, ew'ger Fluss
Vergangenheitsläufe, stark und klar

Auch wenn die Zeit, verbleibend still
Im Herzen etwas klingen will
Vergangenes, das niemals schweigt
Vergangenheitsläufe, tief verzweigt

Einsame Reise

Ein Wind erhebt sich, kühle Nacht
Auf einsamer Reise, erwacht
Tausend Sterne, funkelnd klar
Einsame Reise, wunderbar

Die Schritte hallen auf dem Pfad
Unter Mondes silbriger Saat
Kein Gefährte an deiner Seit
Einsame Reise, endlos weit

Ein Flüstern in der stillen Luft
Fern des Alltags, weiter ruft
Durch Nebel, durch das Dunkelmeer
Einsame Reise, unendlich schwer

Träume tragen dich hinweg
Von des Lebens rauem Dreck
Freiheit klingt in Herz hinein
Einsame Reise, schön und rein

Doch in dir wächst das stille Hoffen
Dass Türen sich ganz neu öffnen
Ein Ziel am Ende, leuchtend klar
Einsame Reise, nicht mehr da

Verborgene Strömungen

Im tiefen Wasser, fließt die Zeit
Oben ruhig, doch unten Streit
Ein Kampf im Schatten, Stille bricht
Verborgene Strömung, die niemand spricht

Gedanken treiben, unbemerkt
Gefühle strömen, ungeschmälert
Was verborgen tief uns treibt
In unsichtbarem Fluss verbleibt

Verklaren Sehnsucht und das Sein
Unter Wellen, anders als Schein
Unruhig tobt in stiller Tiefe
Ein Herz, das niemals Ruhe riefe

Geheimnisvoll wie eine Nacht
Wo Dunkelheit den Tag umnachtet
So fließt das Unbewusste stets
In uns, doch selten bloßgelegt

Vergangenheit im Treibsand

Vergangenes, es zieht herab
Wie Sand, der uns verschluckt im Grab
Erinnerung verschwimmt und fliegt
Im Treibsand, der die Zeit besiegt

Ein Schritt zurück, ein Fall ins Nichts
Gefangen in des Lebens Licht
Erinnerungen wandeln sacht
Im Sand der Zeit, verlieren Macht

Die Gegenwart tritt stets hervor
Doch bleibt Vergangenes im Chor
Ein Echo, das im Sand verweht
Und uns durch jede Stunde geht

So schreiten wir auf neuem Pfad
Im Treibsand bleibt, was war und tat
Ein Teil von uns, doch nicht mehr hier
Vergangenheit, sie bleibt alhier

Unterströmungen des Seins

Im Fluss des Lebens, unentdeckt
Was unser tiefes Sein erweckt
Die Strömung, die wir kaum verstehen
Unter der Oberfläche sehen

Unsichtbar treibt sie unser Tun
Des Geistes Kräfte, niemals ruh'n
Ziehen uns leise, stetig fort
An einen unbestimmten Ort

Gedanken kreisen tief und weit
Durch Meere unserer Einsamkeit
Was uns in unsichtbarer Macht
Zu seinern Wurzeln tief hinab bracht

So fließen Ströme unsichtbar
Durch Zeiten, die mysteriös war
Das Sein, es strömt durch diese Welt
Wie Wasser, das vom Himmel fällt

Die Reise der Erinnerung

Auf Pfaden der Erinnerung
Ein Wandern ohne Wiederklang
Vergangenes im Geiste hell
Die Reise führt uns überall

Momente weben sich zu Bünden
Vergang'ne Tage, die uns künden
Von Zeiten einst, so weit entfernt
Dass man die Gegenwart verlernt

Gedanken reisen, fern und nah
Zu dem, was einst war wirklich da
Textures des Lebens, bunt gemischt
Ein Bild von dem, das nie erlischt

So wandern wir durch Zeitenflucht
Erinnerung, wie Morgenduft
Die Reise führt uns immer fort
Zu einem nie gekannten Ort

Versunkene Geschichten

In tiefen Wellen ruht das Licht,
Versunken sind die Träume, fern,
Geschichten flüstern leis im Zwielicht,
Von Zeiten, die dem Ozean gehören.

Schätze längst vergang'ner Stunden,
Bedecken still den Meeresgrund,
Ihre Stimmen leise, ungebunden,
Erzählen, was kein Herz mehr kund.

Die Möwen schreien es hinaus,
Ein Klang, der durch die Stille bricht,
In alten Wogen, ohne Haus,
Verlieren sich im Dämmerlicht.

Ewige Wellen tragen fort,
Was einst im Leben fest verankert,
Vergessen wirkt der ferne Ort,
Wo jedes alte Bild verschwankert.

Doch ist in Tiefen überall,
Das Echo dieser stillen Lieder,
Ein Hauch von Sehnsucht, nicht banal,
Erzählt von Helden, die uns wieder.

Schauplatz des Schweigens

Im Dorf, in dem die Schatten hausen,
Hat Stille sich ihr Nest gebaut,
Kein Laut durchbricht des Tages Grauen,
Das Schweigen wirkt schon fast vertraut.

Die Häuser winken stumm herüber,
Kein Flüstern dringt aus ihrem Bausch,
Hier schreibt die Zeit die stummen Fieber,
Ein endlos langer, stiller Tausch.

Die Straßen tränken sich mit Leere,
Kein Fußtritt hallt durch seine Bahn,
Nur Echo, das dem Klang entschwäre,
Verwischt die Jahre, Stück um Bahn.

Kein Windhauch schleicht durch kahlen Baum,
Kein Vogel bricht den stillen Bann,
Der Mondenschimmer, wie im Traum,
Verhüllt, was man nicht glauben kann.

Doch tief im Innern ruht ein Wissen,
Von Worten, die verstummt im Lauf,
Ein Hafen voller stummer Kissen,
Wo Schweigen still Vertrautes schauf.

Lebenslauf des Wassers

Im Quell entspringt des Lebenslauf,
Ein Tropfen, klein und unbeseelt,
Er wächst, er springt, sein Weg geht auf,
Von ihm sich ganze Welten quellt.

Er sucht den Fluss, das große Treiben,
Ein Mosaik aus Strömen klar,
Auf Wegen, die stets weiter bleiben,
Findet er sich allmählich gar.

Durch Wälder dunkel, fließt er heiter,
An Steinen reibt er seine Last,
Der Mondschein folgt ihm, immer weiter,
Ein Lied, das keine Ruhe rast.

Erst still und sanft, im Bett der Nacht,
Doch sehnend sucht er fernes Ziel,
Das Meer, das in der Ferne lacht,
Erreicht er bald, im Wogen-Spiel.

Und so verbindet sich im Enden,
Der Tropfen mit dem Ozeans Flut,
Ein Kreislauf, der sich stets vollenden,
Denn Wasser, das nie Ruhen tut.

Unendlicher Strom

Ein Strom, der keine Grenzen sieht,
Fließt ewig fort und nie zurück,
Er forscht und sucht und kommt ins Glied,
Ein Bild von ferner Freiheit Glück.

Er rauscht durch Täler, Berge, Land,
Er trägt die Träume, die man sät,
Ein Schiff im Wind, von Hand zu Hand,
Er ist das Werden, das stets geht.

Im Sonnenglanz er strahlt so hell,
Bei Nacht wie dunkle Samtumschmiege,
Er bringt das Leben und das Fell,
Dem Ufer nah, in ewig Wiege.

Und manchmal tosend, wild und frei,
Ein andres Mal, so still und leise,
Doch allenthalben stets dabei,
Erzieht der Fluss zu neuer Reise.

Für immer wird er seine Bahn,
In Wellen und auch Strömung biegen,
Ein unentwirrter Lebensstrang,
Den Menschen stets in Staunen wiegen.

Träume in der Flut

Wellen brechen sacht im Licht,
Schaumkronen tanzen auf und nieder.
Die Sonne küsst die Wellen dicht,
Träume tragen mich immer wieder.

Im Tiefenblau, so weit und fern,
flüchtet jeglicher Gedanke schnell.
Gesichter tauchen auf und lärmen,
Ganz verschwinden sie im Himmelshell.

Geheimnisse der Meere bunt,
Werden zu Gedichten fein.
Märchen fließen aus dem Grund,
In Nächten Sterngeflecht zu sein.

Schleier der Erinnerung

Milde Lüfte, zarte Flügel,
Weh'n in unbewusster Zeit.
Erinnerungen, gleich wie Spiegel,
Bilden mystischen Geleitzug heut.

Flüsternd fließt der Wind vorbei,
Zittert sanft im Blättertraum.
Vergangenheits erfahren bei,
Sind verborgen unterm Baum.

Verblasste Bilder, Liebesbande,
Wiederhaft zum Leben finden.
Flüstern leis' aus Gras und Wand,
Schweben durch die Zeitesklinken.

Ewiger Fluss der Zeit

Ströme, die niemals ruhen,
Ewig fließt des Lebens Band.
Niemals innehalten, stuhlen,
Weiter zieht's durchs weite Land.

Stunden flattern wie die Wellen,
Ziehen glitzernd durch den Fluss.
Jahre kommen, Jahre schnellen,
Jeder Tropfen gibt ein Kuss.

Schwimmen mit dem Strom der Zeit,
Trägt uns über Gipfel gleich.
Ewigkeit ist unser Kleid,
Knistern in dem Sternenreich.

Abtauchen ins Vergessen

Nebel ziehen leise Schlieren,
Flimmern sanft durchs Dämmerlicht.
Erinnerungen, die entklingen,
Trotzten lang dem Augenwicht.

Tauchen tief, noch tiefer weiter,
In die Stille, wohltuend.
Einsam flüstern Töne heiter,
In den Traumwelt, sanft bezwingend.

Vergessenheit gleitet sacht,
Über Seiten, die noch leuchten.
Tauchen ab in lange Nacht,
Lassen Geister weitaus feuchten.

Geheimnisvolle Fluten

Die Wellen tragen still die Nacht,
Ein geheimnisvoller Glanz erwacht.
Durch Fluss und Meer, so tief und weit,
Erzählen sie von Ewigkeit.

Der Mondschein küsst die sanfte Flut,
In ihren Tiefen wohnt die Glut.
Ein Traum von Wasser, wild und klar,
Verborgene Welten, wunderbar.

Die Sterne spiegeln sich im See,
Wo alte Zauber, tief und weh.
Ein Flüstern aus der Tiefe steigt,
Das Herz in neue Welten zeigt.

Die Ufer lauschen stumm dem Lied,
Das tief im Wasser ewig blieb.
Ein Melodie von ferner Zeit,
Von Schönheit und Unendlichkeit.

Vergessenes Flüstern

Im Wald ertönt ein leises Wort,
Vergangen, still, an einem Ort.
Ein Schatten, der die Seele kennt,
Ein Flüstern, das den Tag verbrennt.

Der Wind bewegt das alte Laub,
Erzählt von längst vergangnem Raub,
Von Herzen, die in Nächten wein,
Von Träumen, die verloren sein.

Die Stille atmet sanft und sacht,
Erweckt das Leid der finstren Nacht.
Ein Seufzen in den Ästen haucht,
Ein Geist, der durch die Bäume schleicht.

Die Wolken ziehen schleierhaft,
Ein Hinweis, dass es Liebe schafft.
Ein Flüstern, das sich nie verliert,
In dem die ganze Welt erfriert.

Märchen im Nebel

Ein Schloss verborgen, tief im Grau,
Im Nebel reift ein alter Bau.
Die Türme ragen in die Luft,
Umhüllt von stiller Nebelflucht.

Im Wald, der dicht und dunkel schweigt,
Ein Märchen sich in Traumbild zeigt.
Verwunschne Pfade, still und rein,
Geschichten, die verloren sein.

Die Elfen tanzen durch den Dunst,
Ihr Haar wie Silber, wild und bunt.
Im Mondeslicht ein zartes Schein,
Von Königen und Feen fein.

Ein Märchenland, das niemand kennt,
Im Nebel ewig, unvergönnt.
Ein Hauch der Magie streift die Zeit,
Die Träume spinnt in Wirklichkeit.

Verblasste Echos

Ein Echo hallt durch diesen Raum,
Verblasst in einem fernen Traum.
Von Jahren und von Tagen weit,
Getragen durch die Ewigkeit.

Ein Flüstern über knorrig Holz,
Vom Sommerglanz und Winterstolz.
Geheime Worte, fern verklungen,
In Herzen tief einst eingedrungen.

Die Wände atmen still zurück,
Verborgnes Lächeln, altes Glück.
Ein Klang von Freude und Verlust,
Der aus der Stille leise brust.

Die Zeit verwischt die Echos schnell,
Im Glanz der Sterne, matt und hell.
Doch in der Nacht, wenn alles ruht,
Geschichten hallen, zart und gut.

Tiefe Wasser

Tiefe Wasser, dunkel und klar,
Geheimnisse unten, ein stilles Jahr.
Schatten ziehen, flüstern leise,
In der Tiefe, eine alte Weise.

Von Ufern fern, der Wind nicht spricht,
Nur das Wasser, das Bild zerbricht.
Töne, die in den Tiefen ruh'n,
Unsichtbar, was sie dort tun.

Eine Welt, verborgen dem Licht,
Hier unten, wo das Leben spricht.
Schimmern wie Sterne im tiefen Blau,
Vergangene Träume, die ich schau.

Tiefe Wasser, sichern die Zeit,
Ein stiller Raum, der ewig bleibt.
Erzähl' mir, was du dort bewahrst,
Schätze, die du stets gut verharst.

Mit jedem Tropfen, ein neues Bild,
Eine Geschichte, die niemals stillt.
Tief verborgen, der Spiegel klar,
Ein Blick in die Tiefe, wunderbar.

Verborgene Geschichten im Fluss

Der Fluss, er rauscht, erzählt so leise,
von alten Zeiten, seiner Reise.
Geschichten, die im Wasser leben,
Verborgene Worte, die sich weben.

Von Ufer zu Ufer, trägt er sie hin,
Von Anfang bis Ende, ohne Sinn.
Hört man genau, kann man sie sehen,
Die Geheimnisse, die darin entstehen.

Ein Fischer, ein Schiffer, ein Traum,
All das im fliehenden Wasserstraum.
Wellen tragen die Geschichten fort,
Vom Leben selbst, von jedem Ort.

Die Strömung, sie singt ein altes Lied,
Ein Flüstern, das den Raum durchzieht.
In jedem Tropfen steckt ein Stück,
ein Märchen, das den Moment entzückt.

Verborgene Geschichten im Fluss,
Ein ewiges Fließen, ein bleibender Kuss.
Wer lauscht, wer sieht, wird sie finden,
Die Worte, die in den Wassern winden.

Wasser der Erinnerung

Durch die Jahre, durchs Gelände,
Wasser fließt in sanften Wellen.
Erinnerungen trägt es fort,
Von jedem alten, fernen Ort.

Im Spiegel der Fluten schimmernd klar,
Bilder von gestern, wunderbar.
Momente, die die Zeit durchdrang,
Wie ein langvergessener Gesang.

Ein Tropfen fällt, ein Bild erscheint,
Die Erinnerung, wie sie weint.
Doch Freude bringt der Fluss zugleich,
Mit jedem Lauf, der immer gleich.

Das Wasser, es hält sie fest,
Die alten Zeiten, unvergessen und best.
In jedem Tropfen, jeder Welle,
Pocht die Zeit, auf stillem Felle.

Vergangenes Leben, neu geboren,
In jeder Welle, niemals verloren.
Ein Fluss der Erinnerung fließt stets fort,
Erzählt uns leise, von Ort zu Ort.

Stille Strömung

Leise fließt die stille Strömung,
Ein sanftes Rauschen, stiller Ruhm.
Durch Wälder, Wiesen fließt sie hin,
Stille Zeugin, was wir sind.

Kein Sturm, kein Lärm, nur sanfter Hauch,
Die Strömung folgt des Lebens Brauch.
In tiefer Ruhe, ohne Hast,
Erhält sie alles, was sie fasst.

Zarte Töne, die sie trägt,
Eine Melodie, die nie vergeht.
Durch Zeiten zieht sie, lautlos klar,
Ein ewiger Fluss, wunderbar.

Im stillen Wasser, welch ein Frieden,
Eine Welt, die wir beschieden.
Hört man zu, so kann man spüren,
Die Stille, die das Herz berühren.

Stille Strömung, fort und fort,
Ein sanfter Flügel, an diesem Ort.
Unsichtbar zieht sie ihre Kreise,
Im ew'gen Fluss, so still und leise.

Gestohlenes Gedenken

In stiller Nacht, der Mond so fern,
Erleuchtet Schmerz, ein einsam Stern,
Die Träume einst, nun Staub im Wind,
Erinnerungen, die trügerisch sind.

Die Schatten flüstern leis' ihr Lied,
Von jener Zeit, die niemand sieht,
Verlorene Schreie, die keiner hört,
Ein Herz, das ewiglich betört.

Die Sterne weinen leise Tränen,
Gefangen in den alten Plänen,
Gedanken, die im Dunkeln wohnen,
Ein Gedenken, das gestohlen.

Der Raum erfüllt von Duft vergangen,
Die Hoffnung leise, kaum gefangen,
In Echos alter Zeit gefangen,
Das Herz in Stille eingegangen.

Ein letzter Blick in tiefen Raum,
Ein stiller, längst vergessner Traum,
Die Nacht verschlingt das leise Wort,
Das Gedenken ewig, ungestört.

Unhörbare Wellen

Die Wellen rauschen leis' am Strand,
Ein Klang, der nicht vom Ohr erkannt,
Ein Lied so zart, von Meer gesungen,
Von ungehörten Tönen umschwungen.

Im Mondlicht glitzern Tränen schwer,
Ein Ozean, der liebt so sehr,
Die Stille hebt sich, sanft verweht,
Ein Lied, das in die Ferne geht.

Die Sterne tanzen ihren Reigen,
Ein Spiel des Lichts, das Herzen zeigen,
Die See umarmt die stille Nacht,
Ein Traum, der sachte Leben lacht.

Verborgne Klänge, tief im Meer,
Ein Lied, das niemand kennt, so schwer,
Die Wellen tragen es ans Land,
Das Lied, das ungehört verschwand.

In Ewigkeiten tief verborgen,
Ein stiller Klang, der ohne Sorgen,
Die Herzen wiegt in sanften Wellen,
Ein Lied, das sich in Tiefen stellen.

Abschied vom Gestern

Der Morgen graut, ein Neubeginn,
Ein Zweifel still im Herzen drin,
Die Nacht verweht, der Tag erwacht,
Ein Abschied, der zum Neuen macht.

Die Schatten flieh'n, die Zeit verweht,
Ein Herz, das in der Ferne steht,
Vergangenheit nun losgelassen,
Ein Hoffen, das in Licht erfasst.

Die Wege, die im Nebel schweben,
Ein Ziel im Morgen, still begeben,
Die Schritte leicht, ein Neuanfang,
Der Abschied klingt im Herzensklang.

Die Zeit heilt leise jede Wunde,
Ein Schmerz verklingt in tiefer Stunde,
Vergangenheit nun weit entrückt,
Ein Morgenstrahl, der sanft beglückt.

In Augenblicken neu geboren,
Ein Herz, das nun dem Tag verschworen,
Der Abschied still, ein sanftes Wehen,
Ein Morgen, der im Anbruch stehen.

Nebelfluss

Am Fluss entlang, der Nebel zieht,
Ein Schleier, der die Sicht verriet,
Das Wasser flüstert leise Lieder,
Von längst vergangnen Zeiten wieder.

Im Dämmerlicht, die Welt verhüllt,
Ein Traum, der in den Schatten stillt,
Die Wellen gleiten sanft vorbei,
Ein Fluss, der fließt in Einsamkeit.

Die Bäume grüßen still und stumm,
Der Nebel tanzt im sanften Rund,
Die Zeit vergeht im Fließen sacht,
Ein Zauberwelt im Nebel lacht.

Die Ufer still, der Morgen naht,
Ein Tag, der im Verborgnen tat,
Der Fluss, er trägt die Träume fort,
Ein Nebelfluss an verborgenem Ort.

Die Sonne kämpft durch Schleier graues,
Ein Strahl, der hält das Warten aus,
Der Fluss, der leise Lieder singt,
Ein Nebelfluss, der Hoffnung bringt.

Entgleitende Zeit

Sekunden fliehen, Stunden eilen,
Klopfend an der Ewigkeit,
Schatten tanzen, Träume weilen,
Von der Angst der Sterblichkeit.

Uhrzeiger im wilden Kreise,
Zeit rinnt wie feiner Sand,
Sterne funkeln, Monde leise,
Nehmen uns an ihre Hand.

Erinnerungen, zarte Fäden,
Spinnen unser Lebensnetz,
Gegenwart in raschen Räden,
Geht vorbei wie ein Geschwätz.

Alter Tränen, neues Lachen,
Fließen durch das Zeitenmeer,
Kindheit, Jugend, all die Sachen,
Kommen uns nun gar nicht mehr.

Doch im Herzen bleibt ein Räume,
Wo die Zeit gefangen liegt,
Dort beleben sich die Träume,
Wo das Jetzt mit einst sich wiegt.

Unterschwellige Strömungen

Tief im Herzen Wasser fließen,
Unsichtbar in dunkler Nacht,
Geheimnisse sich mit sich schließen,
Haben uns oft umgebracht.

Ströme zieh'n uns in die Weite,
Wohin treibt uns dieser Fluss?
Alles, was wir je begleite,
Wird im Schatten unbewusst.

Leise Wellen ohne Namen,
Flüstern sacht ein altes Lied,
Tragen Sehnsucht, stillen Flammen,
Wo die Träne heimlich mied.

Unterschwellige Verlangen,
Tauchen tief im Seelengrund,
Sind im Dunkeln eingefangen,
Füllen jeden leeren Mund.

Doch im Klange dieser Schwärze,
Findet sich die Wahrheit still,
Taucht hinab in tiefe Herzen,
Wohin führt der Sehnsucht Will?

Verborgene Wasserspiele

In verborgenen Gestaden,
Himmel küsst die Wasser klar,
Geheimer Reigen, stilles Baden,
Tanzt die Seele, wunderbar.

Quellen singen leise Lieder,
Unbekannt und unerkannt,
Schichten Leben, ruhelos nieder,
Dort, wo niemand je verstand.

Sanfte Spritzer, Tropfen froh,
Perlen über Moos und Stein,
In des Windes rhythmischer Show,
Fluten tief ins Herz hinein.

Wilde Wasser, still im Herzen,
In den Tiefen widerhallt,
All der Kummer, all die Schmerzen,
Legen sich, was war, verhallt.

Sommerregen, warme Spiele,
In den Träumen, einzigartig,
Hingerissen Wohlgefühle,
Strömen lieblich, eindringlich.

Vergangenheitsspiralen

Im Tanz der alten Zeiten, finden wir uns
Die Schritte flüstern leise von einstigen Wunden
Ein Hauch von Erinnerung streift uns leicht
Im Wirbel der Jahre bleiben wir gebunden

Vergilbte Bilder, verblassende Farben
Fliehen doch stets vor uns, gen Horizont
Schatten vergangener Tage ziehen weiter
Durchs Dunkel der Nacht, die Zeit, die nicht schont

Ein Echo der Jugend weht uns umher
Schlägt Wellen in Herzen, fern und nah
Im Kreis der Spiralen verweilen wir
Und atmen das Damals, tief und klar

Das Herz schlägt im Takt, vergangene Lieder
Von Liebe und Leben, von Friede und Krieg
In den Spiralen der Zeit, wie im Fieber
Halten wir fest, was nie mehr entflieht

Vergangenheit löst sich, doch bleibt sie wahr
In uns, als Erinnerung stets vorhanden
Die Spiralen der Zeit, sie tanzen im Jahr
Im Jetzt und Hier, im Unsichtbaren stranden

Weinende Wellen

Das Meer singt Lieder von Sehnsucht und Weh
Flüsternde Geheimnisse im Wogen der Zeit
Unter den Wellen ein tiefes Verstehen
Von Tränen, die fließen wie Ewigkeit

Der Wind trägt Flüstern, Gedichte des Seins
Durch salzige Lüfte, die Welt umhüllt
Weinende Wellen, ein leises Erheben
Von Stimmen der Tiefe, in Dunkel gehüllt

Im Tosen der Brandung klingt sanfter Schmerz
Eine Stille inmitten der Ewigkeiten
Weinende Wellen berühren das Herz
Mit zarten Händen der Unsichtbarkeiten

Schaumkronen glänzen im letzten Licht
Weben Geschichten, die keiner versteht
Der Horizont lockt, doch erreicht man ihn nicht
Ein Ferne, die leise von Sehnsucht umweht

Weinende Wellen, sie rufen uns zu
Ihre Klagen verhallen, doch klingen sie nach
Ein Lied ohne Worte, in stetigem Nu
Im Rhythmus des Meeres, erwacht wie im Traum

Erinnerungsschleier

Ein Schleier aus Licht und Schatten gehüllt
Die Bilder vergangener Tage verwehen
Hauchzarte Fäden, die Zeit hat gewoben
In Erinnerung Treffpunkte, die nie vergehen

Verblasste Augenblicke schwingen im Geist
Ein Flüstern von gestern, ein sacht' Erzählen
Hier und da ein Lächeln, das uns noch befreit
Im Nebel der Altzeit, in stillen Wellen

Gedanken umnachten die Reise der Zeit
Mit Händen berühren wir Schatten und Licht
Ein Schleier, so dünn, doch trägt er uns weit
Durch Erinnerungsfluten, die Herzen umflicht

Blätter fallen, als seien sie Zeugen der Zeit
Sie schweben und tanzen im sanften Gesang
In den Schleiern der Erinnerung, treu und geweiht
An das, was wir liebten, so heiß und so bang

So halten wir fest, was längst schon verweht
In Schleiern der Bilder, aus längst alter Zeit
Die Seele umwoben von Erinnerungsfäden
Ein Netz aus Momenten, das ewiglich bleibt

Zeittröpfchen

Zeit tropft leise, im Rhythmus des Seins
Sekunden, Minuten, fließen dahin
Ein Tropfen fällt, und uns wird bewusst
Wie kostbar das Hier und Jetzt doch ist

Im stillen Verdämmern, da zähl' ich die Stunden
Des Augenblicks Glanz, im Tropfen gefangen
Doch Zeit rinnt weiter, unendlich und frei
Im Tanz der Momente, ein endloser Reih'n

Zeittröpfchen fallen, von Ewigkeit genährt
Ein Hauch von Unendlichkeit, stets vorüber
Sie perlen im Licht, in Schimmer und Glanz
Des Lebens zarte, vergängliche Lieder

Mit jedem Tropfen, ein Neuanfang, ein Lassen
Des Vergangenheits Schleier, vom Jetzt überdeckt
Zeittröpfchen sprechen, von Werden und Verblassen
In sanfter Berührung, stets unerweckt

So flüstern die Tröpfchen, so leise und klein
Von Welten in uns, von Liebe und Sein
Im Rauschen der Zeit, im Fließen, im Sein
Ein Tropfen, ein Herzschlag – und wir sind daheim

Hoffnung im Wasser

Im klaren See, ein Glitzern fein,
Die Strahlen brechen goldenes Schein,
Tief verborgen Träume liegen,
Im Wasser klamme Worte wiegen.

Ein Fisch zieht Kreise, sanft und leer,
Was in ihm lebt, versteht man schwer,
Die Hoffnung tanzt auf Wellenblut,
In jedem Tropfen wohnt das Gut.

Die Nächte kühl, die Tage warm,
Ein Flüstern bringt den Herzen Harm,
Das Wasser führt es talwärts still,
Ein jedes Herz, das hoffen will.

Von ferne ruft ein Ruf geschwind,
Wie leichtes Seufzen im Wind,
Er weckt, was längst vergessen war,
Im Wasser klar wird Leben wahr.

Im Fluss der Zeit, die Hoffnung sprießt,
Wo Wasser rauscht, da neues grüßt,
Ein Kreislauf ewig, rein und klar,
Im Wasser Hoffnung immerdar.

Gezeiten der Vergessenheit

Der Ozean, ein stilles Grab,
Er hält in sich vergangene Gab,
Die Wellen flüstern leis im Takt,
Vergangenheit von dir gepackt.

Im Sand verweht die Zeit im Flug,
Ein Epos, das im Dunkeln lug,
Der Wind trägt fort, was einst war schwer,
Vergessenheit im Weltenmeer.

Die Gezeiten wogen hin und fort,
Erzählen von des Lebens Ort,
Was einst in Stein gemeißelt war,
Verblasst nun in der Flutendar.

Erinnerung, ein teures Gut,
Doch manches geht verloren, mut,
Die Wogen kämmen still zurück,
Die Zeit ertränkt in Wellen Glück.

Und wenn die Ebbe dann verweilt,
Ein leises Sehnen in uns eilt,
Vergangenheit schläft tief im Sand,
Wenn Meer und Zeit sich reichten Hand.

Lebensader aus Wasser

Durch Fels und Tal, durch Grün und Grau,
Ein Fluss zieht Bahn, stets treu und blau,
Er schenkt dem Land das Leben frei,
Wo Wasser rauscht, da wächst ein Mai.

Die Wurzeln tief im Erdreich satt,
Gefangen in des Flusses Blatt,
Er nährt die Welt, trägt Hoffnung fort,
Lebensader trägt den Ort.

Ein jeder Tropfen, Kraft ihn treibt,
Die Erde, die vom Fluss verbleibt,
Die Quellen sprudeln Lebensglanz,
Im Wasser tanzt des Lebens Kranz.

Der Regen fällt, der Fluss erwacht,
In seinem Arm wird Licht entfacht,
Die Ströme, die er führt so weit,
Verkünden eine neue Zeit.

Wo Flüsse mich ein Leben lang,
Da hält der Fluss den Herzenschang,
Lebensadern winden fröhlich sacht,
In jedem Tropfen Hoffnung lacht.

Mondreflexionen

Im stillen Wasser, klar und kühl,
Spiegelt sich des Mondes Spiel,
Ein sanftes Leuchten, Glanz der Nacht,
Er träumt in ruhiger Pracht.

Die Sterne, wiegen sanft herein,
Ihr Funkeln spiegelt Mondenschein,
Im Wasser schweigt des Himmels Plan,
Ein Frieden zieht im Dunklen Bahn.

Gedanken treiben, fern und weit,
Gefangen in der Ewigkeit,
Der Mond, er zaubert still Gesicht,
Verleihend Hoffnung, sanftes Licht.

Des Windes Hauch, der Wellen singt,
Ein leises Rauschen mit sich bringt,
Der Nacht ein zartes Lied verspricht,
Mondreflexionen, sanftes Licht.

Und wenn das erste Licht erwacht,
Verschwindet Mond in Tagessacht,
Doch immer bleibt ein stiller Glanz,
In Wasser wohnt des Mondes Tanz.

Zeitoszillation

In Pendeln schwingt die Zeit hinfort,
Sekunden fliehen leis und sacht,
Vergangenheit zwinkert im Verborgenen,
Zukunft lockt mit zagem Lacht.

Uhren ticken, unerbittlich,
Sterne wandern ewiglich,
Stunden jagen ihre Spuren,
Treibend, stets und immerlich.

Träume tanzen auf dem Zifferblatt,
Erinnerungen gleiten sanft,
Zeit verweilt im tiefen Schlummer,
Schicksal, das sie leise schafft.

Gebrochne Zeiger zeigen weiter,
Momente sterben, werden neu,
Zeitoszillation schwingt fortwährend,
Ewig wandert sie, so treu.

Kreislauf ohne Rast und Ziel,
Führt uns stets der Zeiten Spiel,
Lässt uns träumen und vergessen,
Gibt den Rhythmus, fein und viel.

Stillgelegte Erinnerungen

Staub legt sich auf Fotos nieder,
Flimmernd in der Abendsonne,
Vergangenheit verstummt zu Liedern,
Erinnerung verliert die Wonne.

Vergilbte Briefe, kaum gelesen,
Stille Worte, kaum gehört,
Herzen, einst im Liebesfieber,
Stillgelegt und kaum betört.

Sekunden rinnen durch die Finger,
Echos hallen, fast verklungen,
Momente, die wie Schatten schweben,
Von der Zeit zurückgezwungen.

Ein Album voll mit fernen Blicken,
Verschlossen sind die alten Tore,
Was einst war, bleibt nur ein Flüstern,
Stillgelegt wie müde Flore.

In den Räumen der Vergangenheit,
Wo die Zeit in Wellen bricht,
Halten Träume still die Wacht,
Auf dass kein Licht sie je mehr sticht.

Zeitlose Wasser

Flüsse fließen, endlos weiter,
Zeit verliert sich in der Flut,
Wellen tragen unsere Träume,
Sanft und weich, doch voller Mut.

Ufer sehen Jahre schwinden,
Schweigend, während Ströme schäumen,
Zeit verläuft in sanften Kreisen,
In den Wogen unserer Träumen.

Seen ruhen, tief und still,
Ihre Spiegel zeigen keine Uhr,
Zeit wird hier zur Ewigkeit,
Keine Eile, keine Spur.

Meere rauschen, unermüdlich,
Jede Welle ein Moment,
Zeitlose Wasser tragen uns,
Zu ferne Ufern, die man kennt.

Tief im Blau der Ozeane,
Schlägt ein Herz, das ewig pocht,
Zeit verweilt in diesen Tiefen,
Vorwärts treibend, unverhofft.

Verklingende Wellen

Wellen schlagen sanft ans Ufer,
Flüstern leise ihre Lieder,
Echos tragen ferne Zeiten,
Sich verklingend, immer wieder.

Jedes Rauschen, eine Reise,
Hin zu längst vergessnen Tagen,
In den Tiefen, wo die Stille,
Ihre Fragen leis' zu sagen.

Wogen tanzen, leicht verklingend,
Im Kanon der Gezeiten,
Zerfließen in den grauen Nebeln,
Still die Wellen uns geleiten.

Doch ihr Rufen bleibt zurück,
Ein leises, sanftes Melodrama,
Verhallend an den Felsenklippen,
Wo einst Liebe ihren Namen

Wellen, die uns fortgetragen,
In die Ferne und zurück,
Verklingen doch in tiefen Wassern,
Nehmend uns ein letztes Stück.

Dunkle Tiefen

In den Schatten, kühl und schwer,
Flüstert leise das Meer,
Geheime Wellen, schwarz wie Nacht,
Haben mich oft umgebracht.

Hoffnung schwindet, Sterne fliehn,
Schwarz sind die Wälder, wo Winde ziehn,
Einsamkeit, ein stiller Freund,
Hat ihren Preis, der hoch erscheint.

Tief im Abgrund liegt das Leid,
Verstummt in ewiger Dunkelheit,
Kälte greift nach meinem Herz,
Dort ruht ein namenloser Schmerz.

Jeder Schritt durch Dämmerung,
Folgt einem Pfad der Erinnerung,
Die Schatten flüstern, kaum gehört,
Wovon niemand je erfährt.

Doch irgendwo am finstren Saum,
Erwacht ein fragiler Traumesbaum,
Blüht heimlich, fern der Zeit,
In grausamer Dunkelheit.

Blasses Gedenken

Erinnerung, so blass und fein,
Verweht vom Wind, so kühl und rein,
Im Nebelmeer, vergangne Zeit,
Verloren in der Ewigkeit.

Gesichter tauchen, zart und klar,
Aus Schleiern einer fernen Jahr,
Wie leise Geister, kaum gesehn,
Die einmal durch mein Leben gehn.

Worte flüstern durch die Nacht,
Erzählungen von alter Pracht,
Geschichten, die verblassen schnell,
Wie Sterne fern im Himmelszelt.

Jeder Moment, ein sanfter Traum,
Verblasst im Licht des Morgengraun,
Doch in den Schatten pflückt die Hand,
Vergangenheit wie feinen Sand.

Aus den Ruinen, fahl und stumm,
Erwacht die Zeit, doch bleibt verbum,
War einst so nah, so tief im Kern,
Nun tausend Welten weit von fern.

Verheimlichte Geschichten

Verborgene Pfade, die niemand kennt,
Wo längst zerbrochene Herzen brennt,
In stillen Nächten, ohne Klang,
Entspringen Mythen, die nie gelangen.

Augen sehen durch Nebelwand,
Die Wahrheit gewebt mit feiner Hand,
Jeder Schritt ein ferner Stern,
Im Raum von Trug stets so fern.

In der Stille liegt Verhüllung,
Das Wispern einer Sage Füllung,
Ein Wispern nur, im Schattenreich,
Wo Licht die Dunkelheit nicht erreicht.

Auf versteckten Wegen weilt,
Geheime Welten, ungeteilt,
Erzählungen, vom Hauch des Schweigens,
Umwoben, niemals zu erreichen.

Und durch das Blätterrauschen hin,
Fließt die Zeit, so leer, so kühl,
Jene Geschichten, tief verschlossen,
Von stillen Herzen unbenommen.

Hoffnung am Rand

Am Rande steht das Morgengrau,
Verwebt mit Licht, ganz still und lau,
Die Hoffnung reckt sich, sanft und sacht,
Noch ungeschliffen, heimlich wacht.

Doch in der Ferne keimt ein Glanz,
Ein Funke nur, im Nebelkranz,
Ein zarter Hauch von Widerschein,
Das Herz sich voller Sehnsucht ein.

Durch Dunkel bricht der erste Strahl,
Ein Weg sich formt, so zart und schmal,
Ein Pfad aus Sternen leuchtet hell,
Zerbricht die tiefe Seel quälend quell.

Nun tritt hervor aus finstrer Nacht,
Ein Lächeln, das den Tag erwacht,
Ein neues Lied, von Hoffnung laut,
Das Herz sich in die Freiheit traut.

So wächst aus Schatten, kaum gesehn,
Die Hoffnung, sie verweht nicht gleich,
Am Rand des Lebens, zart und rein,
Singt sie von einem neuen Sein.

Verschwundene Momente

In stillen Stunden, fern und weit,
Verweht der Traum, vergangne Zeit.
Ein Flüstern nur, ein leises Sein,
Vergangenheit im Dämmer klein.

Ein Foto bleicht im sanften Licht,
Verblasst die Farben, leise spricht.
Momente fliehen, wie der Wind,
Wer weiß, wohin sie alle sind?

Die Zeit verrinnt, im Staub der Welt,
Erinnerungen, was sie erzählt?
Ein Schatten tanzt im Abendrot,
Die Zukunft schweigt, der Atem tot.

Zwischen den Zeilen, still versteckt,
Vergangnes Leben, tief vernetzt.
Ein zarter Hauch, was überlebt,
Ein stilles Lied, das weiter webt.

Verschwundne Wege, tief im Wald,
Erzählungen, die Zeit entfällt.
In jedem Herz, ein kleines Stück,
Der flüchtigen Moment, ein laues Glück.

Zwischen den Wellen

Der Meeresrausch im Morgenlicht,
Ein Flüstern, das die Stille bricht.
Wogen tanzen, still und sacht,
Bis der Mond die Nacht entfacht.

Zwischen Wellen, weit und breit,
Ein Geheimnis, das in Tiefen treibt.
Schaumgekrönt und ewig jung,
Singt das Meer sein altes Lied und klung.

Die Möwe kreist, der Wind erzählt,
Von fernen Tagen, ungezählt.
Ein Tropfen salzig, bitter-nass,
Trägt Erinnerung wie hartes Glas.

Im Sand verweilt ein Muschelglanz,
Hinterlässt ein stilles Rätselkranz.
Cada Welle trägt fortan zurück,
Vergangenheit und Augenblick.

Zwischen den Wellen, hin und her,
Schwimmt das Leben, weise und schwer.
Ein ewiges Kreisen, wiederholt,
Bis die Zeit sich leise zwinkend hebt und holt.

Spuren im Wasser

Ein Fussabdruck, im Sand so zart,
Vom Wasser umarmt und bald verwahrt.
Die Brandung küsst und nimmt ihn fort,
Erinnerungen, die der Wind er wird nie hort.

Ein Steg, der geht zum Horizont,
Wo Wasser Himmel sanft umsonnt.
Zeit vergeht, ein Augenblick,
Spuren bleiben flüchtig, Stück.

Die Wellen tragen, was einst war,
Ein Lächeln oder eine Träne gar.
Verwischt im Tanz der Meeresflut,
Was bleibt, ist Wasser, nie absolut.

Im Morgengrauen, still und rein,
Formen sich Spuren, doch bald vergehn.
Das Meer erzählt von weit entfernten,
Geschichten, die im Fluss sich wenden.

Die Sonne steigt, die Nacht vergeht,
Ein neuer Tag im Rhythmus geht.
Spuren im Wasser, flüchtig klar,
Erzählen, was für immer war.

Zeit des Vergessens

Ein Schattenspiel im Wintergrau,
Die Zeit, sie zieht im Nebel flau.
Vergessene Lieder klingen leis,
Echo alter Zeiten, bleich und weiß.

Die Uhr schlägt still, die Zeiger ruhn,
In dieser Stille Träume tun.
Was war, was ist, wird bald vergehn,
In der Zeit des Vergessens bestehn.

Ein altes Bild im Staubregal,
Erzählt von Leben, fast surreal.
Die Seiten gelb, der Text verwischt,
Vergangenheit vergebens nischt.

Das Herz wird schwer, die Augen blind,
Erinnerungen tragen seltner Wind.
Doch ganz verloren gehen sie nicht,
Ein Funken bleibt, das letzte Licht.

Zeit des Vergessens, sanft und fein,
Der Geist verweht, der bleibt nur Schein.
Ein Zyklus, alt und immer neu,
Vergessen, was einst war so treu.

Mäander der Erinnerung

In Flüssen von Gedanken, leise weht der Wind,
Versunkenes Leben, das stets aufs Neue beginnt.
Zerflossene Bilder, vergriffen vom Hauch,
Im Tanz der Zeiten, sieht man einen Strauch.

Vergangenes flüstert im Schatten der Nacht,
Traumfäden weben, was die Seele entfacht.
Bruchstücke der Liebe, verloren im Fluss,
Alte Melodien, die man vergessen muss.

Wellen der Zeit, sie tragen Geheimnisse fort,
In stiller Stille findet man eingemauert einen Hort.
Erinnerungen gleiten, flüchtig wie der Tau,
Mäandernd wie der Fluss, durch den Sand so rau.

In der Glocke der Nacht, leichtes Klingeln erklingt,
Und die Stimme der Zeit, zu Herzen singt.
Traumbilder schweben, so federleicht,
In den Flüssen der Jahre, Vergangenheit weicht.

Echo der Tage, längst entschwunden im Meer,
Doch die Märchen der Nacht, sie kehren stets wiederher.
Erinnerungen tanzen, in endlosen Kreisen,
In den Mäandern des Geistes, als ewiges Reisen.

Schatten der Tiefe

Unter dem Wasser, im dunkelblauen Raum,
Verbirgt sich ein Reich, wie im stillen Traum.
Geheimnisse schlummern, in ewiger Nacht,
Und niemand vermag zu sehen ihre Pracht.

Die Stille spricht Bände, im Schatten der Tiefe,
Wo alles verschwindet, was an der Oberfläche bliebe.
Dunkelheit umfängt, das Herz und den Geist,
In einem endlosen Bogen, der Vergangenheit meist.

Fische wie Geister, durchs Dunkel sie zieh'n,
In den Abgründen der Seas, unsichtbar erblüh'n.
Algen und Korallen, wie Wesen aus der Zeit,
Verborgene Welten, fern von allem Leid.

Schatten der Tiefe, welch ein Geheimnis du bargst,
In den Fluten des Meeres, wie unentdeckt tragst.
Jenseits des Lichts, ein Königreich der Stille,
Wo jede Welle flüstert: „Erfülle deine Wille".

In den Abgründen verloren, Treibgut von Träumen,
Auf den Schwingen des Schattens, tiefen Räumen.
Unentdeckte Tiefen, voll von Geschichten und Sang,
Schatten der Tiefe, ein niemals endender Gang.

Reise ins Vergessen

Der Pfad der Zeit, beschritten von Staub,
Vergessen die Stimmen, fern und taub.
In schummrigen Gassen, wo Schatten sich weben,
Leise im Wind, die Erinnerungen beben.

Eine Reise beginnt, ins Vergehen der Zeit,
Vergangene Horizonte, in düsterer Dunkelheit.
Kaleidoskop der Tränen, vergessen und verblasst,
In den Gassen des Geistes, ein endloser Rast.

Schritte verhallen, im Banne der Leere,
In den Trümmern der Tage, niemand der wehre.
Vergessene Sagen, die in Büchern vergangen,
Reise ins Vergessen, auf Wegen gefangen.

Der Nebel umhüllt, die Erinnerungsfragmente,
Jedes Beben des Herzens, verzagt und sang-ente.
Ein Schiff ohne Anker, im Wind treibt dahin,
Vergangenheit schwindet, doch Ende ist Beginn.

Vergessen die Namen, die Zeit beugt ihr Knie,
Und in der Dunkelheit verbirgt sich die Melodie.
Eine Reise ins Nirgendwo, durch die Schleier der Nacht,
Vergangenes schweigend, in das Nichts vacht.

Vergaßtes Erbe

Ein altes Haus am Wegesrand,
Vergangenheit in Steinen gebannt.
Erinnerungen erzählt der Wind,
Von Träumen, die längst verweht sind.

Staubige Fenster, blicken hinaus,
Wispernde Stimmen, ein verlassenes Haus.
Jedes Brett und jeder Balken,
Flüstert von Zeiten, die lang schon sanken.

Vergaßtes Erbe, in stiller Ruh,
Die Geister der Ahnen, schauen uns zu.
Geschichten verborgen in Mauern so kalt,
Zeit vergeht, doch das Erbe bleibt alt.

In alten Truhen, gespeicherte Zeit,
Verwobene Fäden, niemand sie befreit.
Die Jahre ziehen, unbemerkt vorbei,
Das Erbe verweht, im leisen Seufzen dabei.

Ein Echo der Ahnen, ein Flüstern so sacht,
Im leeren Haus, in der stillen Nacht.
Vergaßtes Erbe, in Vergessenheit bewahrt,
Eine stille Mahnung, die niemand verklagt.

Wogen der Dämmerung

Am Horizont, wo Farben sich weiten.
Verschmelzen Träume in zarten Reigen.
Die See küsst sanft das Licht der Zeiten,
In Dämmerung die Sterne steigen.

Der Wind trägt Lieder aus fernen Tagen,
Flüstert Geheimnisse, leise, doch klar.
Unter dem Himmel, so weit und vage,
Tanzen die Wellen, ein silbriges Haar.

In dieser Stille, die Nacht entfaltet,
Die Welt versinkt in ein tiefes Blau.
Die Seele findet, was sie erhaltet,
In wogender Ruhe, fernab von Grau.

Lichter flackern, wie alte Geschichten,
Erzählt von der Zeit, die niemals ruht.
In jedem Tropfen spiegeln sich Pflichten,
Zwischen den Wogen, da pulsiert Mut.

Zarte Schleier, die sich langsam senken,
Ein neues Morgenrot kündigt sich an.
Mit jedem Herzschlag weiter sich denken,
Das Leben, ein unerschöpflicher Plan.

Murmeln des Gedächtnisses

In den Tiefen des Verstandes
Klingen die Echos aus ferner Zeit.
Erinnerung, wie Flüstern im Sand,
Führt uns durch den gedanklichen Wald.

Vergessene Stimmen, kaum mehr gehört,
Weben Netze aus Licht und Schatten.
Was war, bleibt unendlich verführt,
Von Erinnerungen, die wir nie hatten.

Die Zeit, sie fließt in stillen Kreisen,
Murmeln der Gedanken, ewiglich Klang.
Ein Bild hier und dort, stilles Verweisen,
Erinnert uns, woher alles entsprang.

Im Dunkel der Nacht, der Geist erwacht,
Findet den Pfad durch Schattenlandschaft.
Ein Flüstern, so sanft, dass es kaum lacht,
Begleitet den Weg, füllt jede Haft.

Verschlungen, verwoben, aus Licht gemacht,
Das Gedächtnis, ein endlos Serail.
Es führt uns sanft durch die dunkle Nacht,
Für immer dort, im Gedankenteich.

Im Fluss der Zeit

Ein Strom, der niemals still verweilt,
Er trägt uns fort, zu neuen Ufern.
Momente fließen, werden entweiht,
Von Stundenglas und stillen Rufern.

Der Lebensfluss, er reißt uns mit,
Ein Gewebe aus Tag und Nacht.
Wir treiben weiter, Schritt für Schritt,
In Zeit verwebt, die langsam erwacht.

Die Wellen, sie künden vom Vergehen,
Von allem, was jemals blühte und starb.
Im Spiegel, der sich unendlich dreht,
Haltlos und frei, was uns je umwarb.

In jedem Tropfen, ein ganzes Leben,
Unendlich klein, doch von Bedeutung schwer.
Der Fluss der Zeit, er bleibt belebend,
Zeigt uns, was ist und was nicht mehr.

Lasst uns treiben, in diesem Fluss,
Der nie versiegt, stets weiter fließt.
Mit jedem Herzschlag, ein sanfter Kuss,
Von dem, worauf die Seele genießt.

Zeitlose Fluten

Sanft und beständig rauscht das Meer,
Kein Beginn und kein Ende in Sicht.
Ewig bewegt, trägt uns umher,
In Wellen von endlosem Licht.

Die Fluten, sie flüstern ein altes Lied,
Von Ewigkeit und von Vergänglichkeit.
Ein Rhythmus, der niemals erlischt,
Beglückt uns mit sanfter Beständigkeit.

Zeitlose Wege, die Wasser zeichnen,
Unter Mondschein und Sternenglanz.
Ein Tanz in Dunkelheit, stets begleitend,
Vereinigt in endlosem Lebenskranz.

In den Weiten, wo Stille spricht,
Können Herzen und Seelen sich finden.
Die Fluten tragen uns durch die Pflicht,
Lösen die Ketten, die weltlich binden.

Von Wogen umfassen, nur der Geist erwacht,
Durch das Meer der Unendlichkeit.
Zeitlos, treibend in wässriger Pracht,
Vermischt sich das Gefühl der Freiheit.

Im Nebel der Zeit

Im Nebel der Zeit, so still und sacht,
Verhüllt ist die Welt in langsamem Fluss,
Vergangenes flüstert in ewiger Nacht,
Zeit ist der Schleier, der alles vergießt.

Träume verwehen, wie Blätter im Wind,
Lieder verklingen, Erinnerung flieht,
Jedes Erinnern, ein Flügelschlag lind,
Der Schleierdunst, der das Leben umzieht.

Wo sind die Tage, die funkelnd uns ziert?
Verloren im Grau, in Nebel gehüllt,
Echos von Lachen, die niemand hier hört,
In den Tiefen der Zeit sanftmütig stillt.

Jede Sekunde ein leises Vergeh'n,
Im Nebel, der langsam die Jahre verdrängt,
Menschsein, so flüchtig, kaum zu ersehn,
Wie ein Gewand, das der Nebel umschläng.

Noch gibt es Sterne, die blinken ganz zart,
Im Schleier der Zeit, verborgen und rein,
Erinnerung bleibt, in Herzen gespart,
Ein Licht, das leuchtet, im nebligen Schein.

Verlorene Ufer

Verlorene Ufer, an denen ich stand,
Da rauscht das Meer in melancholischem Ton,
Die Wellen, sie flüstern von fremdem Land,
Zeit und Raum führen mich, ungewiss, davon.

Der Sand, er rinnt durch die Fingerspitzen,
Auch die Tage verfliegen ungestüm,
Träume verfließen in blauen Blitzen,
In der Ferne das Licht, so weit und kühn.

Am Horizont seh' ich Schiffe zieh'n,
Ihre Segel gebläht durch den Ozean weit,
Das Fernweh weckt auf, tief in mir drin,
Flatternd wie Vögel in endloser Zeit.

Dort wo die Wellen den Himmel berühren,
Versinkt mein Herz in unendlicher Weh,
Doch ein neuer Tag wird bald verführ'n,
Zu neuen Ufern, zu fremden Gehöft.

Verlorene Ufer, in Träumen gemacht,
Ein flüchtiger Hauch im Ewigkeitstakt,
Doch jedes Sehnen, das tief in mir lacht,
Trägt mich zu Orten, wo alles erwacht.

Der Ruf des Wassers

Der Ruf des Wassers, so tief und klar,
In Wellen und Tropfen, in ewiger Bahn,
Verlockend der Klang, der dehnt sich vernar,
Flussbett und Ozean, die Seele vernahm.

Flüsternd und wogend, in ruhiger Nacht,
Im Glanz des Mondes, der Schein, er tanzt,
Ein Rufen, das ewig den Wanderer lacht,
Ein Flüstern, das stets verborgene Träume pflanzt.

Geheimnisse bergen die Tiefen des Seins,
Unter dem Wasser ein Leben so mild,
Jede Welle trägt Funken des Seins,
Lebendiges Rieseln im Strömungsbild.

Einst hör ich den Ruf, der aus der Tiefe spricht,
Verlockend mich nehmend an zaubernden Ort,
Ein Eintauchen in Freiheit, tiefes Licht,
Gefangen im Rhythmus, der Fluss führt fort.

Der Ruf des Wassers, er bleibt mir nah,
In Bächen und Strömen, in stillem Gesang,
Ein ewiger Tanz, so wunderbar,
Lebend in Herzen, ein ewiger Klang.

Schatten im Strom

Schatten im Strom, durch das Wasser geglitten,
Tanzen in Tiefen, wo der Fluss sich entzieht,
Vergangene Geister, in Strömung gewoben,
Ein Mosaik aus Dunkel, das ewig verblieb.

Seele auf Wanderschaft, tief unter Wasser,
Wo Licht und Nacht sich zärtlich verflicht,
Träume verweben in tanzenden Schatten,
Ein Reigen der Stille, ein ewiges Licht.

Im Klang der Tiefe, das Dunkel so zart,
Flüstern von Zeiten, die niemals vergehen,
Geflüsterte Worte, die Seelen bewahrt,
Ein Reigen der Schatten, im Strömen und Wehn.

Schatten im Strom, in sanfter Berührung,
Führen hin fort, in die Ewigkeit sanft,
Ein Hauch von Erinnerung, ein Liebeserschütterung,
Gefangen im Wasser, vom Leben beschwankt.

Durch die Strömung gleiten, im Schatten vertraut,
Himmel und Wasser, in sanftem Genuss,
Vergangene Träume, mit Glanz auferbaut,
Im fließenden Leben, im ewigen Fluss.

Verwobene Strömungen

In tiefen Gewässern, wo Geheimnisse ruhen,
Verwoben die Strömung in nächtlichen Fluten,
Ein Flüstern, ein Wispern, durch die Tiefe getragen,
Geheimnisse, die sich zu erzählen wagen.

Ein Tanz der Wasser, ein wellenreiches Spiel,
Wo jeder Tropfen ein eigenes Ziel,
Doch in ihrem Streben, so scheinbar allein,
Verwoben die Wege, zum Einssein bereit.

Das Licht der Sterne, gespiegelt im Nass,
Erzählt von den Reisen, erzählt vom Verlass,
Wo Nächte enden und Tage neu erwachen,
Verwobene Strömungen Geschichten entfachen.

Durch Felsen und Täler, durch stille Gewässer,
Verweilt die Strömung, doch niemals lässt das Fesser,
Was einmal begann, mag ewiglich sein,
Verwobene Strömungen im ewigen Schein.

So sehe im Strom und lausche den Liedern,
Die rauschend erzählen von fernen Gefiedern,
Jede einzelne Welle, ein Vers in der Nacht,
Verwobene Strömungen, von Ewigkeit bewacht.

Wellen der Dunkelheit

Im Mantel der Nacht, wo Schatten regieren,
Erheben sich Wellen, in Schwarzen zu zieren,
Sie tragen das Schweigen, der Sterne sacht funkeln,
Ein Meer aus Geheimnissen, dunkle Wellen uns umwogen.

Die Tiefen sind endlos, das Dunkel so klar,
Ein Reich voller Flüstern, verborgen und rar,
Mit jedem Schritt tiefer, so uns scheint,
Wellen der Dunkelheit, erfüllen den Heim.

Die See in der Nacht, mystisch und stumm,
Zu lauschen, verführt, in endlosem Refrain,
Was mag dort verborgen sein, unerkannt,
In den Wellen der Dunkelheit, unbekannt.

Ein Sog aus Gedanken, ein Strudel der Nacht,
Gefangen in Wellen, von Geheimnissen bewacht,
Im Glänzen des Mondes, so fern und doch nah,
Tauchen wir ein, in Wellen zur Ruh.

Der Gezeitenkreis, immerwährend und klar,
Führt uns durch das Dunkel, im endlosen Jahr,
Unter sternlosem Himmel, ein Gedicht in sich trägt,
Wellen der Dunkelheit, der Seele auferlegt.